Editor
Renato Rezende

Revisão
Ingrid Vieira

Projeto gráfico
Augusto Erthal

Dados Internacionais de Catalogação na Publicação – CIP

C837 Costa, Carlos Henrique
O homem sem relógio: sonetos dissonantes /
Carlos Henrique Costa.
Rio de Janeiro: Circuito, 2021. 128 p.

ISBN: 978-65-86974-28-7

1. Literatura Brasileira. 2. Poesia. 3. Literatura Contemporânea. 4. Soneto.
I. Título. II. Sonetos dissonantes. III. Sonante, dissonante: tradição e modernidade do soneto.

CDU 821.134.1(81) CDD B869.1

Catalogação elaborada por Regina Simão Paulino – CRB 6/1154

Editora Circuito Ltda.
Largo do Arouche 252 apto. 901
São Paulo SP 01219-010
www.editoracircuito.com.br
renato@editoracircuito.com.br

CARLOS HENRIQUE COSTA

O HOMEM SEM RELÓGIO

sonetos dissonantes

(2014 - 2021)

CIRCUITO

DEDICATÓRIA

Para a única mulher
que terá o meu amor
eternamente,
Juliana,
minha filha.

AGRADECIMENTOS

Agradeço aos catorze nomes – mesmo número de versos do soneto – pela importância que tiveram no percurso de gestação deste meu rebento literário.

Alexei Bueno,
Antonio Carlos Secchin,
Carlos Frederico Manes,
Carlos Newton Júnior,
Cláudio Neves,
Evanildo Bechara,
Ivan Junqueira,
Marcus Vinicius Quiroga,
Mário Faustino,
Mario Quintana,
Renato Rezende,
Ricardo Vieira Lima,
Tanussi Cardoso,
W. B. Lemos.

EPÍGRAFE

"Divina – a própria morte hoje defloro
E vida eterna engendro: gero, adoro."

(Dístico final do poema *Viagem*, do livro *O Homem e sua hora e outros poemas*,
de Mário Faustino; pesquisa e organização de Maria Eugenia Boaventura.
São Paulo: Companhia das Letras, 2009)

SUMÁRIO

SONANTE, DISSONANTE: TRADIÇÃO E MODERNIDADE DO SONETO

Cláudio Neves

Desde Petrarca, a quem se atribui a criação do soneto italiano – com 14 versos distribuídos em 2 quartetos e 2 tercetos –, poetas de todos os matizes e alturas têm voltado a essa forma. Os sonetistas formam uma espécie de subcontinente de poetas, e há um autêntico cânone deles. Para ficarmos apenas na língua portuguesa, a lista inclui Camões, Bocage, Antero e, modernamente, Pessoa, Drummond, Bandeira e Vinicius. Se, por um lado, o cânone oferece inspiração, por outro, implica a dificuldade para o autor contemporâneo de ter de medir forças com os grandes entre os grandes. Nesse sentido, Ezra Pound já alertava os jovens poetas, no sentido de que fugissem das formas consagradas e dos temas clássicos, para que não dissessem com menos efetividade aquilo que já fora dito e redito pela tradição.

Por isso mesmo, publicar um livro exclusivamente de sonetos hoje é, no mínimo, uma demonstração de coragem. Digo *exclusivamente* porque um soneto ou dois, quando em meio a uma coletânea de dezenas de poemas, podem passar despercebidos em seus erros de versificação, ou, ainda, a banalidade pode ser redimida pelo conjunto de textos. Num livro só de sonetos, não. As falhas se repetem, e a comparação mental do leitor se ativa logo à primeira composição. Comparação nada generosa com o poeta atual, já que ela se dá, por exemplo, com a elegante fluidez de Bandeira, os malabarismos técnicos de Vinicius, os sombrios paradoxos de Pessoa e as simples e imortais chaves de ouro[1] de Camões. Todo esse implacável sistema de referências já está a postos no momento inaugural da leitura. Além disso, não é fácil *inovar* numa base restrita de 14 versos, tradicionalmente decassílabos ou dodecassílabos.

Na coletânea de sonetos que o leitor tem em mãos, o poeta Carlos Henrique Costa já deixa clara a intenção de *inovação* (ou ao menos de desvio criativo) no próprio subtítulo: *sonetos dissonantes*. Logo, nossa primeira pergunta é: por que ou como esses sonetos são *dissonantes*? Sem nos estendermos em análises semânticas fora do escopo deste prefácio, o adjetivo *dissonante* remete, quase que de imediato, ao universo musical, no qual, resumidamente, pode ser entendido como o equivalente a desarmônico, instável e, talvez mais próximo do sentido pretendido pelo autor, *provocador de tensão*. Estamos assim, *grosso modo*, diante de uma forma regular (harmônica), o soneto, que, de um certo modo particular adotado pelo autor, soa *estranho*.

Para causar estranhamento, os sonetos de Carlos Henrique Costa terão de fazê-lo pela linguagem, pela temática ou pela forma. "Musa", "contradança", "absinto", "insofismável"... O rol de vocábulos empregados nos títulos não deixa dúvida: estamos diante de um poeta que opta pelo registro elevado. Sua linguagem, ainda que, em um ou outro poema, exercite o neologismo, e, em um subconjunto, transite entre o erótico e o pornográfico, não se confunde, em geral, com a linguagem cotidiana. A temática, por sua vez, embora se aproxime do banal, sempre o faz no sentido de elevar a banalidade à especulação metafísica ou de buscar no cotidiano alguma faceta transcendente. Assim, quase todo o livro também aponta para o alto: o amor e seus dramas, uma rosa que fenece e morre, a mulher diáfana, as metáforas e metonímias da morte, o tempo que se esvai, as agruras do poeta e da criação poética. Não à toa,

1 Dois ou três últimos versos de um soneto que usualmente sintetizam o tema.

o poema que dá nome ao livro, "O homem sem relógio", compõe um acirrado jogo dialético, que tem por objeto a relação entre o tempo e o ser. "Repartição", "caneta", "paletó" e, claro, "relógio", são formas de opressão sobre o sujeito contemporâneo, uma correnteza de ruínas e rejeitos que o leva a parte alguma, e, afinal, "(...) hora e minuto,/ interpenetrando-se,/ não se movem, salvo/ a fim de mover,/ do tempo, o homem".

Se linguagem e temática são tradicionais e, dessa maneira, não podem ser consideradas *dissonantes*, é na forma que o poeta justifica o subtítulo, pois combina os versos do soneto tradicional em estrofes de variada extensão e métrica. O próprio "O homem sem relógio" é composto por quatro seções temáticas de 14 versos, divididos em duas estrofes de 7. Em outras composições, veremos a divisão 3-5-3-3 ("O pórtico"), 5-6-3 ("Tempo de ainda"), 2-10-2 ("Estúdio Copacabana"), etc. Os metros variam da redondilha (menor e maior), passando pelos clássicos decassílabos e dodecassílabos, até chegar aos versos bárbaros (mais de 12 sílabas) de "A mulher por quem ando à procura".

O mérito do livro, entretanto, não me parece ser o de desdobrar 14 versos em variações outras que o natural 4-4-3-3. Para fazê-lo tão somente, não se requereria do autor mais engenhosidade do que pôr um ponto final aqui, uma pausa ali e, de quando em quando, apertar o *enter* no *laptop*. Uma nova e mera divisão de estrofes seria, se só isso o fosse, um malabarismo inútil para chamar atenção do leitor quanto aos predicados formais do artista – tarefa, além de inútil, contraproducente, pois, nos grandes poetas, a técnica está a serviço da fluidez e se esconde no poema de maneira que o leitor sofre seus efeitos, sem dar-se conta do que são e de onde vêm.

Não tenho dúvidas de que a qualidade de *O homem sem relógio* nasce da compreensão refinada que o autor tem da forma soneto. Explico-me. Mais do que uma forma fixa, mais do que um *puzzle*, no qual se encaixam métrica e acentuação, o soneto é um ritmo e uma concisão, um *mood* e uma sensação pós-leitura. Os 14 versos petrarquianos não fazem sucesso à toa, tantos séculos depois de seu *avatar*. Eu diria que o soneto é a forma mais econômica de que tenho notícia, para criar um ritmo marcante, com vistas a formular um raciocínio ou uma atmosfera complexos – e fazê-lo de maneira vertical. Nesse sentido, ainda que se usem apenas imagens, elas não são soltas nem se sobrepõem aleatoriamente. Exemplo disso é "Vila Rica", de Olavo Bilac:

> O ouro fulvo do ocaso as velhas casas cobre;
> Sangram, em laivos de ouro, as minas, que ambição
> Na torturada entranha abriu da terra nobre:
> E cada cicatriz brilha como um brasão.
>
> O ângelus plange ao longe em doloroso dobre,
> O último ouro de sol morre na cerração.
> E, austero, amortalhando a urbe gloriosa e pobre,
> O crepúsculo cai como uma extrema-unção.
>
> Agora, para além do cerro, o céu parece
> Feito de um ouro ancião, que o tempo enegreceu...
> A neblina, roçando o chão, cicia, em prece,
>
> Como uma procissão espectral que se move...
> Dobra o sino... Soluça um verso de Dirceu...
> Sobre a triste Ouro Preto o ouro dos astros chove.

É fácil notar que, no primeiro quarteto, às cores do ocaso (ouro fulvo) se somam as alusões à história da cidade (as cicatrizes dos morros por causa da mineração). No segundo, o sino (doloroso dobre) se funde às referências à decadência (amortalhando) e ao tom sacro (extrema-unção). O ouro segue como condutor da composição, o sino idem. Ao final, o adjetivo *triste* (tão simples, mas tão finamente preparado antes que surja) define a cidade - tristeza acompanhada mais uma vez do *ouro*, que, agora, não mais é uma cor refletida na paisagem, mas uma *chuva* e, portanto, é compacto e abundante no encerramento do poema.

Bilac usa apenas imagens, em nenhum momento estanca para tecer digressões sobre o sentido daquilo que relata. As imagens, contudo, constroem uma atmosfera de forma analógica, tal como um soneto dialético de Camões o faria. Ao fim e ao cabo, graças à mestria de concisão de Bilac, o quadro mental da atual Ouro Preto e o ritmo dos dodecassílabos perduram na atenção e no ouvido, após o último verso. O mesmo se poderia afirmar do soneto de Camões que se encerra com "Um não sei quê, que nasce não sei onde./ Vem não sei como, e dói não sei porquê."; ou ainda o de Fernando Pessoa, cujos versos finais são: "E regressei à noite antiga e calma/ Como a paisagem ao morrer do dia".

Tomemos agora um poema de *O homem sem relógio*, em que o poeta rompe radicalmente com o esquema 4-4-3-3 do soneto:

SONATA PARADISO

I

Mas continuas sendo minha infância-desejo
e continuas jovem porque jovem me vejo

2

Mas continuas sorte como as folhas do trevo
e continuas bela - tela em médio-relevo

3

Mas continuas nua, se amanhece mais cedo
e continuas peça nos primórdios do enredo

4

Mas continuas planta: dia e noite eu te rego
e continuas obra – o meu verso, o meu lego

5

Mas continuas duas: a coragem e o medo
e continuas signo, um sorriso-segredo

6

Mas continuas breve, feito a sombra do ensejo
e continuas leve, como os dedos no arpejo

7

Mas continuas filme – meu roteiro longevo
e continuas musa, quando música escrevo

É uma composição nada menos que notável, pois, ainda que a divisão seja 2-2-2-2-2-2-2 e a métrica seja de 13 sílabas (pouquíssimo usual no soneto), nós a lemos *como um soneto*; afinal, a cadência do soneto se mantém como efeito das rimas internas e externas e do paralelismo "mas continuas (...) e continuas". Do soneto também se mantém a verticalidade na exploração do tema, que é uma mulher da juventude do poeta. Podemos, inclusive, tomar o "Paradiso" do título como uma alusão ao filme *Cinema Paradiso*, de Giuseppe Tornatore, centrado nas evocações da infância do protagonista.

À imagem dessa mulher se vão juntando associações. Não mais que isso: associações. Em nenhum ponto, assim como no poema de Bilac, o poeta deriva para considerações intelectuais sobre o amor ou sobre a efemeridade do tempo. A mulher havia, e já não há, ainda que sua lembrança prossiga no presente, reconfigurando-o. Assim, ela é "folhas no trevo", "lego", "sorriso-segredo", "musa" e "música"... Isto é, as lembranças estabelecem novas camadas de sentido e conduzem o texto da infância (não se sabe se literal ou metafórica) ao tempo da escrita em que o eu lírico compõe. O poema, portanto, é um soneto naquilo que de fundamental tem essa forma poética: a concisão, a criação de atmosferas (ou jogo dialético) e a exploração de um ritmo que conduz verticalmente ao centro de um objeto ou motivo, bem como deixa na mente do leitor um prolongamento da leitura – no qual a musicalidade e a síntese agem naquilo que Poe chamou de *efeito poético*.

Outros poemas dignos de análise são os já referidos "Tempo de ainda" e "Estúdio Copacabana". Vejamos o primeiro deles:

TEMPO DE AINDA

Dedica este tempo,
em que desmoronas
o tempo de sempre,
para reergueres
um tempo de ainda.

Tempo em que recebas
a ti por ti mesmo,
em que não te does,
senão a ti próprio,
sem paisagens feitas,
sem palavras ditas.

Tempo de estrear
e autoextasiar
noutra dimensão.

Do ponto de vista formal, percebe-se a opção pela redondilha menor, isto é, o verso de 5 sílabas, bem como alguma toantes nas vogais "e" e "o". Trata-se de um artifício para casar a forma física da palavra ao tradicional *martelo* da redondilha. Também por isso, quero crer, faz-se a escolha por uma quintilha de abertura e uma sextilha subsequente. Assim, a impressão mesma do soneto precisa esperar o terceto final, à feição de chave de ouro clássica - na qual o *tempo*, longamente sugerido nas estrofes anteriores, será conceituado. Só aqui se nota, portanto, que o aparente alheamento do poeta ao mundo - que perde, de forma inelutável, sua luta contra a dissipação - é, na verdade, recolhimento fecundo para que ele, o poeta, possa inaugurar o *tempo de ainda* de que nos fala o título. E desse *ainda*, não como conjunção concessiva, mas como palavra denotativa de *possibilidade*, há de vir a outra *dimensão* com que o poema se fecha. Vale ressaltar que, conforme dissemos, se a composição, a princípio, pode insinuar que tomará um tom de matriz epicurista, como nas Odes de Ricardo Reis (heterônimo pessoano), o eu lírico de Carlos Henrique Costa se abre generosamente à possibilidade de renovação da própria realidade apresentada, de saída envolta em um processo de ruína.

Verifiquemos agora "Estúdio Copacabana":

ESTÚDIO COPACABANA

O silêncio não é mudo.
No retiro, há discurso.

Brado, bravata, barulho.
Banda, ensaio de tuba.

Metais, percussão de rumba.
Alarido, som de turba.
Eleição, boca de urna.
Arrastão, disque-denúncia.
Grito de gol, voz das ruas.
Trânsito no viaduto.
Obras, reformas, tumulto.
Carros falantes, balbúrdia.

Avessa orquestra do túmulo,
o silêncio é quase um estúdio.

Uma vez mais, o autor escolhe a redondilha, desta feita a *maior*, com versos de 7 sílabas. Tal escolha é autoevidente: busca ele acelerar o ritmo, porém agora, em relação a "Tempo de ainda", com mais sílabas e, portanto, mais volume sonoro para sugerir a confusão que vem das ruas. E, novamente, ali está o eu lírico em *retiro* e *silêncio*, supostamente em um dos inumeráveis edifícios de Copacabana, onde lhe chegam, abafados, os restos do frêmito urbano das avenidas. Assim, as aliterações (*Brado, bravata, barulho*, p. ex.) completam a cadência veloz, responsável pela solução métrica da peça, quase num samba *marcheado*, se não for excessiva a analogia.

Por outro lado, as rimas finais (todas) toantes em "u" mimetizam o aspecto surdo, concomitantemente próximo e longe, das engrenagens da vida. Porém as rimas finais se contrapõem às rimas internas ocasionais, também toantes, em "o" (*bravata* - *ensaio, obras* - *reformas*, etc.), bem como há vocábulos nos quais, por meio do mero acréscimo ou supressão de uma consoante, se insinua a recuperação de outro termo antes citado (*tuba* - *turba, tumulto* - *túmulo*). Todo esse arsenal técnico, registre-se, devidamente disfarçado na fluidez da composição, como deve ser. E o estúdio, se no título, apontava para fora, no verso inverte o vetor. O *estúdio* é o *aqui* de onde o poeta ouve o que de efêmero e prevalente, comezinho e imanente, lhe chega da viragem do mundo – quem sabe naquele mesmo tempo que desmorona em "Tempo de ainda".

Cabe ressaltar que, na mesma direção de Carlos Henrique Costa, alguns poetas pós-modernos buscaram a inovação do soneto, com resultados desiguais. Tite de Lemos (1942–1989) empresta leveza e celeridade a essa forma em seu "Caderno de Sonetos", mesclando, como Vinicius já o fizera, uma linguagem urbana e contemporânea a inversões sintáticas tributárias do português da tradição luso-brasileira. Já Paulo Henriques Britto, ao longo de seus livros, acrescenta ao soneto o registro, no dizer de Pedro Sette-Câmara, *coloquial culto carioca*, trabalhando, muitas vezes, com uma disposição estrófica inovadora, mesclada à métrica tradicional. Experiência menos feliz me parece ser a de Pedro Lyra (1945–2017), em *Desafio: uma poética do amor*, obra na qual o soneto é uma referência difusa e longínqua, pois os textos são fragmentados na página, à maneira dos poetas concretos, e o ritmo, elemento fulcral, se perde quase que totalmente, o que desconfigura a forma e muda seu efeito final de leitura.

Voltemos, para encerrar, a *O homem sem relógio*. Já falamos sobre o subtítulo *sonetos dissonantes* e a ele queremos retornar. Se, como dissemos, *dissonante* significa *desarmônico*, essa acepção não se aplica ao livro que o leitor tem em mãos, uma vez que, como apontamos, os poemas de Carlos Henrique Costa aqui reunidos nada têm de desarmônicos, já que continuam inequivocamente sonetos, à revelia da divisão estrófica e da métrica. Contudo, como também frisamos, *dissonante* remete ainda a *provocador de tensão* (e eu acrescentaria: *de surpresa*). É nesse sentido que se inscrevem as composições desta obra. Afinal, o título prepara o leitor para a forma soneto, para a experiência imersiva numa composição sintética e rítmica. E o leitor não se frustra, pois lhe é dado o soneto em sua essência anímica e constitutiva, em sua economia formal profunda, enriquecida, porém, em novas cadências e disposições, conforme demonstramos acima.

Trata-se de um diálogo produtivo com a tradição, sem que isso tolha a inventividade daquele que a evoca. Trata-se, enfim, do soneto vivíssimo como tal, revisitado e atualizado, mas não desintegrado. *Provocador de tensão*, mas não de ruptura.

O PÓRTICO

Abre-se, para dentro e para fora, o pórtico.
É estreita e ambígua a passagem, dispersa
como um beco distraído na avenida.
Quem se aventura a ultrapassar o seu umbral,
não sabe ao certo se é o princípio, se é o final
de uma rua antes ou jamais percorrida;
se é um muro sem alcance para o novo,
se é apenas um hiato da memória.
Há holofotes e quilômetros ao redor,
transformando, súbito, em celebridades,
os invisíveis – sem palco, história e talento.
Será o pórtico um pilar de ferro e cimento?
Ou será o caminho magro à revelação,
que só enxergarão os de espírito sem óculos?

REUNIÃO EM DISSONANTE

Tenho, dentro de mim, uma reunião.
Um fórum permanente de meus alteregos.
Agora reconheço o porquê das esquivas
às comemorações que aglomeram estranhos.
Incomoda-me estar em meio aos convidados.
Mas, ainda que a contragosto, é necessário.
E mais: é impossível, entre o eu e o outro,
o êxito unânime da convivência.
Não subestimo o tempo com banalidades.
Sequer me mobiliza ir e vir em massa.
Mas compreendo quem se confia a impostores.
Às vezes chego mesmo a invejar medíocres,
pelo prazer de serem frações de si mesmos.
Farsa: conheço, a fundo, minha multidão.

ABSINTO

Triste, desolado.
Sim. Assim me sinto.
Árido, sem prado.
Um rosto indistinto.
Um mar apagado
por um céu retinto.
Como um vinho aguado.
Nem verde, nem tinto.
O peito cortado.
Amargo absinto.
O dia, raiado.
Já passa das cinco.
Não passa o passado.
Nem passa o que eu sinto.

TEMPO DE AINDA

Dedica este tempo,
em que desmoronas
o tempo de sempre,
para reergueres
um tempo de ainda.

Tempo em que recebas
a ti por ti mesmo,
em que não te does,
senão a ti próprio,
sem paisagens feitas,
sem palavras ditas.

Tempo de estrear
e autoextasiar
noutra dimensão.

RÉPLICA

O sol é a sombra de Deus.

Michelangelo

O centro do universo – poente ou aurora,
manhã ou tarde – é subúrbio, arredor,
se comparado a Ele. Comparado ao próprio
signo incomensurável, cerne sem contorno.

A quem também chamamos Pai, Nosso Senhor,
por vezes criatura, por vezes criador.
E tantos atributos, ao mistério-mor,
têm sido dedicados, como luz, calor

ao ânimo, espírito que rege os homens –
estes, velas intensas, gravetos em choque,
bramidos revelando, ao vento, novos coros.

Vai, indissociável gêmeo, avesso fogo,
plagiando nossos passos, mais estreito sósia.
Escultor de outra réplica – fiel farol.

NOVA NAVE

A nova nave está guardada
apenas aos da classe A.
Àqueles que fazem da alma
traslado a raros hábitats.
Escafandristas do seu mar.
Indo e vindo, mesmo sob pânico.
Salvos por nadar, fundo ou raso.

Estamos no mesmo naufrágio.
Inválidos ante a catástrofe.
Filhos da Virtude-Vontade.
Jamais houve guardas e barcos
bastantes, nem bons o bastante.
À prova de impacto, o casco –
falácia do engenho náutico.

ESTÚDIO COPACABANA

A Tanussi Cardoso

e Marcus Vinicius Quiroga

O silêncio não é mudo.
No retiro, há discurso.

Brado, bravata, barulho.
Banda, ensaio de tuba.
Metais, percussão de rumba.
Alarido, som de turba.
Eleição, boca de urna.
Arrastão, disque-denúncia.
Gritos de gol, voz das ruas.
Trânsito no viaduto.
Obras, reformas, tumulto.
Carros falantes, balbúrdia.

Avessa orquestra do túmulo,
o silêncio é quase um estúdio.

ALMA SEM TETO

A Carlos Frederico Manes

Estou me vendo por inteiro.
Não me perseguem minhas fugas,
meus destinos mancos,
atalhos falsos e cerrados.

Estou me vendo por inteiro.
Não como retrato tendenciosamente inútil,
mesmo restaurado.
Os sulcos lavraram experiência na face.

O passado nela me assiste
e observa com orgulho o que vê:
-Os anos comem o que se fez abrigo na pele.
Mas se regeneram na alma sem teto.

Desapareço em imagem.
Reapareço em segredo.

AUTORRETALHO

Nunca mais terei este rosto.
Esta ausência de marcas, rugas.
Retrato isento de retoques.
Jamais, outra vez, juventude.
Beleza madura? Consolo.
Madeixas de charme? Desculpa.
A tez de seda, o corpo em ordem.
Nunca mais serei a pintura.
Irretocável quadro em óleo.
Autorretrato sem moldura.
Nenhuma cicatriz nos olhos.
A expressão eterna e pura.
Cristal instantâneo de história.
Outro agora: dor em rascunho.

ALFLORIA

A rosa branca foge do jardim
em direção ao mar, à praia, à areia.
Talvez rebelião floral, motim
de apenas um – rebelde sem cadeia.
No verde dégradé, aprisionada
à terra, como escrava num quilombo,
teve sorte e acabou sendo arrancada
por uma transeunte. Mas, num tombo,
teve mais sorte ainda e, de repente,
meio tonta, acordou sem tédio ou dor.
Deixou de ser enfeite, tão somente,
ganhando vida própria, furta-cor.
Agora, o horizonte inteiro à frente,
se alforria da vida e morre em flor.

O REGENTE INSOFISMÁVEL

Por hábito e respeito, saúdo o maestro,
com cerimônia própria de maçom ou monge.
Na vigília diuturna dos olhos do espírito,
ostento, por consolo, um sorriso no canto
das pálpebras (abertas), dos lábios (fechados).
Resisto recorrente em sentido anti-horário,
apesar da aparência frágil, devastada
pela batuta firme do insofismável.
Impossível tomar como refúgio a infância.
Pai, mãe, imaginei durarem para sempre.
Amizades mudaram de posto hierárquico.
Amores desmentiram rituais sagrados.
Nas mãos, a sinfonia em sintonia fina.
Da capo al fine, segue em frente a partitura.

ANIMATOMIA

Sou um homem de farturas intensas.
Riquezas tatuam olhos nublados.
Feito pérolas raras, recompensas
garimpadas em lagunas e prados.

Tenho no peito farturas expostas.
Retaliação da razão, pelas peças
indispensáveis ao jogo, às apostas,
a quem apenas a sorte interessa.

Minha verve inclui farturas no sangue,
engarrafando em desculpa e despejo
as artérias – alamedas do trauma.

Como porta que não fecha e constrange,
ou *lábios que não cabem no beijo,*
sou um homem com farturas na alma.

SONETO DO AMOR TRANSTORNADO

A lágrima corrente pela face
é como aperitivo ao desamor.
A gota d'água, o adeus, o desenlace:
metáfora mais líquida em dor.

Tal como um peixe salta ao suicídio,
a lágrima, colhida pelos lábios,
devolve ao seu aquário o homicídio
do amor autenticado em alfarrábios.

A lágrima desmonta a face esquálida
do amor sobrevivido em tentativa.
A frase quase muda, quase pálida,
ressoa igual verdade fugitiva.

O amor virou culpado, envergonhado.
O amor já transformado e transtornado.

SONETO QUASE TODO PERGUNTA

Em cada vez que vejo você,
o que sonho é o que se realiza?
Será descortesia ou mercê?
Encho ou esvazio a alma e a camisa?

Haverá um desentendimento
entre aquilo que penso e que faço?
Ou será isso meu alimento,
minha atitude, meu embaraço?

Perto ou longe, deslumbro ou admiro?
Com ou sem paciência, espero?
Sou o seu par ou ímpar, por entre?

Bem no seu alvo, serei o tiro?
Será você o amor, ou um mero?

Não lhe desejo menos que sempre.

SONETO À NOVA MUSA

Quero lacrimejar versos em tua face,
face ao desejo-mor por minha nova musa,
mulher por quem talvez o amor me encorajasse
a perder o que tenho perdido, e me acusa,

em cada recaída, um encontro que enlace
esta inquieta razão que, por mim, se recusa
a doar, ao fracasso, um prazer que o desgrace,
e o afogue em profundo destino-medusa.

Quero, pelo teu corpo, estrofes desenhar,
outra paisagem, outra juventude breve,
campos de sol, de trigo, de sorriso franco.

E, de uma vez por todas, me desconcertar,
porque já estou exausto de tanto estar leve,
porque te vejo minha em teu vestido branco.

CONTRADANÇA À BELEZA

A beleza tirei para dançar
e dancei com beleza de aprendiz.
Pelos passos mais simples pude olhar
os passos não tão simples do que fiz.

Como ter a beleza a me abraçar
o desejo contido por um triz:
permitir ao dançante tropeçar
e deixar, sim, o homem ser feliz.

E beijar a beleza com ardor,
e roubar da beleza o beijo vil,
com que beijo as mulheres sem amor.

Mas com tal reverência, tal louvor
à beleza sincera e tão sutil,
controlei, a meus pés, o sedutor.

SOBEJO, SEM RECEIO

O beijo não estava no programa.
Cortesia dos lábios da morena,
que, de súbito, naquele sofá-cama,
deixou sua vontade entrar em cena.

O beijo não estava no receio
de virar peixe em seu anzol lingual.
O beijo estava, sim, mas no recreio,
entre um programa e outro do canal.

Não foi beijo partido, nem no asfalto.
Não foi beijo roubado, nem de assalto.
Sequer foi de novela ou de cinema.

O beijo foi somente amostra grátis.
Como dão nos mercados chocolates,
o beijo, sem valer, valeu a pena.

INDAGAÇÕES PEREGRINAS

Por onde andas, peregrina?
Não te encontro mais pela esquina
virtual que em mim dissemina
a tua leveza menina.

Por onde andas, peregrina?
Não te avisto mais vespertina,
iluminando minha sina
de apatia, tédio e rotina.

Por onde andas, peregrina?
Como alegras minha retina
na tela das teclas, ladina
ao esconder teu rosto – mina
de felicidade em surdina.

Por onde, bela, peregrinas?

SONATA PARADISO

Mas continuas sendo minha infância-desejo
e continuas jovem porque jovem me vejo

Mas continuas sorte como as folhas do trevo
e continuas bela – tela em médio-relevo

Mas continuas lua, se amanhece mais cedo
e continuas peça nos primórdios do enredo

Mas continuas planta: dia e noite eu te rego
e continuas obra – o meu verso, meu lego

Mas continuas duas: a coragem e o medo
e continuas signo, um sorriso-segredo

Mas continuas breve, feito a sombra do ensejo
e continuas leve, como os dedos no arpejo

Mas continuas filme – meu roteiro longevo
e continuas musa, quando música escrevo

SILÊNCIO DE MIL LAUDAS

Viagens me visitam na varanda.
Passagens, personagens que marcaram.
Páginas de um romance interessante,
com marcador, na parte alta da estante.
Prateleira propensa a abrigar clássicos.
Daí, mais ao feitio de resgate.
O silêncio – poeta de mil laudas –
carece de um tumulto, um novo parto.
A brisa, refrescante; à mesa, o lanche.
Mergulho no café e aqueço a alma.
Esta moldura cinge, ao vivo, a tarde.
Palimpsesto do já, raspo a cerâmica.
Contracapas, orelhas, prefácios,
vida entrevista, escrevo outras camadas.

SE MORREU PACO DE LUCÍA

Se morreu Paco de Lucía,
como agora dizer bom dia?
Como inflamar a cantoria
entre adega e tabacaria?

Se morreu Paco de Lucía,
como não crer na parceria
que não tem fim nem silencia
com a guitarra, sua guia?

Se morreu Paco de Lucía,
como dançar a bulería?
Como acender Andaluzia?

Se morreu Paco de Lucía,
morreu como nasceu: dormia
entre dos aguas. Hasta el día.

A CAMARÓN DE LA ISLA

Tua delicadeza pura nos comove.
Ainda mais nas horas em que és só José.
Um olhar de tristeza. Olhar de quem chove
mesmo em dia de sol, de andar a pé.

De cabeleira loura e pele clara,
de onde o tio pescou no sobrinho o apelido,
desde cedo inflamaste o flamenco. Seara
de alegrias, penares, foi teu canto ouvido.

Aguda angústia, lâmina afiada em melisma,
da ilha, cantaor, singra o mar teu sofrer,
e tua timidez vira força e carisma.

Do teu grito rasgado agora sou mendigo.
Como a água onde vives, sangro a amanhecer.
Canta, Camarón! Teu caminho é meu abrigo.

REGÊNCIA

A Evanildo Bechara

Gostei o poema. Os versos, as estrofes.
Introdução, ampliação, conclusão.
Forma, conteúdo. No todo, gostei o poema.
-Então leria novamente?
-Não.
-Por que, se disse que gostou?
-Não disse que gostei do poema.
Disse que gostei o poema.
-Qual é a diferença?
-Gostar o poema é prová-lo.
Gostar do poema é aprová-lo.
-Estaria a diferença na preposição?
-Não. A diferença está na posposição.
Gostar é ler. Gostar de, querer ler.

CONTROVERSO

Que foi feito de meu verso,
homenagem ao poeta?

Estaria mais disperso
que, outrora, na gaveta,

onde andara submerso
entre papel e caneta?

De repente, já emerso,
fez de mim seu estafeta

para chegar, controverso,
até o vate, sua meta.

Este, mineral, diverso
da romântica faceta,

revelou o seu reverso,
devolvendo-o à gaveta.

ATO CRÍTICO

A Ivan Junqueira

Escrevi um poemeto.
De um só verso, com título.
Ainda como rascunho,
via-o frouxo, sem força
ante os poemas já escritos,
não só por supor fraco este,
mas também fortes aqueles.

Tentando onsidera-lo
digno de integrar meu acervo,
somei a ele outros versos.
Afinal, o poemeto
encontrou, de vez, lugar
certo de fazer-se digno:
indigno como os demais.

PSEUDÔNIMO

A Ricardo Vieira Lima

Não darei o nome de Poesia
nem mesmo ao que poesia for.
Darei, por exemplo, o nome Bia,
qualquer outro que Poesia não for.

Poderei chamar de Prosa, Roteiro,
um Poema, de fato, sem favor.
Só não chamarei pelo verdadeiro
nome, para não chocar o Leitor.

Poderei chamar o Verso de Frase,
dada a carestia da atual fase
no que tange a poetas de valor.

Se ocorrer um verso-primo que arrase,
e perguntarem: - Poesia?, direi: - Quase.
Seu nome, de verdade, é Impostor.

SOPRO IMPALPÁVEL

A Antonio Carlos Secchin

O corpo do poema é o crime da poesia.
Cicatriz de palavras deitada em papel,
o texto é o outro extremo da epifania
de animar pelo sopro impalpável do céu.

O mandante do crime jamais aparece.
Não lhe desenha o rosto retrato falado.
Ele aperta o gatilho e a arma obedece.
E se cumpre o destino, e se atende ao mandado.

Tomba o corpo, da tela, em todas as teclas.
Todos os ventos sopram o sangue a sair,
da cicatriz aberta, pelo branco manto.

E quem será o autor? E quem serão os asseclas?
E quem saberá o quanto o crime vai pungir,
condenar e vingar com força e espanto?

A MULHER POR QUEM ANDO À PROCURA

I

Anseio por um rosto jovem e belo na mulher que procuro.
Com olhos de admiração pelo grisalho de meus poemas.
Silenciosa como os segredos que guardam os cofres.
Jovem pela coragem de se atrever a competir com o tempo.
Bela pela inata vocação de se confundir com a natureza.
De ternura sutil no deixar-se levar por meus argumentos.
De sorriso aberto como as asas que inauguram o voo.

Ela deve ser doce como as frutas recém-retiradas da terra,
ainda sob a casca da tradição mutável pelo meu contágio.
Eu, que estou funcionário público por meio expediente,
e sou poeta por inteiro, sem direito a horas extras.
Salvo quando extrapolo, fértil, o árido limite do cansaço.
Este, uma campainha que perturba a libido lítero-musical
de procurar por ela em cada beco, travessa, rua, avenida.

2

Entre estar e ser é capaz de sequer caber um continente.
A não ser quando ser e estar são lábios que cabem no beijo,
são pênis e vulva se interconhecendo envolventemente,
são seios tesos que moldam em concha a palma das mãos.
Mamilos como aríetes penetrando o cerco vizinho dos dedos.
Narinas receptivas à língua que alterna o saquear do fôlego.
Porque alimentamos um ao outro do que nos falta e sobra.

Deve ter o sal adocicado de um ribeiro em minha enseada,
de onde zarpo singrando as cachoeiras de seus cabelos,
cortês e sem cortes, sensato e incensurável, ilhado e livre,
como um navio de carne submergindo entre suas margens.
Pés, panturrilhas, pernas, púbis, peitos, peles, pupilas.
Eu ando à sua procura, porque é este o meu desejo agora:
obra-mulher com quem alcance, em uníssono, o cio da alma.

SOL(O) INSONE

Dormes? Ou dissimulas dormir, leito à mostra?
Em lentos movimentos, sequestras meu sono?
De vidraça a vidraça, de verdade, sonhas?
A distância, não vês que por ti não repouso?
O que, de pé, me põe? O que me deixa a postos?
A coreografia do teu solo insone
em minhas mãos será mímica ou conforto?
Carente ou não de escopo, te imagino ponte
entre fraqueza e força, entre um prédio e outro,
corda bamba, socorro, fogo, condão, corpo.
Teu silêncio tem sido fricção e foco.
Andaime de horizonte, escada de lençol.
Espetáculo! Aérea âncora, aporta à noite.
Aos gritos, me arremesso e caio, vivo ou morto.

EM REVISTA

A mulher desarmada em meu abraço
tem farta cabeleira onde espaço
o meu desejo tímido, o meu passo
medido em cada gesto, ou embaraço.

A mulher desarmada no meu braço
tem corpo generoso, não escasso.
Tem timbre belo e firme, como um laço.
Tem tal delicadeza, que renasço.

Às vezes, ralentando o meu compasso.
Às vezes, se deixando ao meu regaço.
Às vezes, convidando-me ao terraço.

Nobreza de mulher por onde grasso,
mote e glosa finais em que me faço
em versos: meu discreto estardalhaço.

EPÍLOGO PRELIMINAR

Me aguardavas de bruços pela cama,
preenchias o quarto por inteiro.
Exclamavas silêncio por quem ama
retesar-te o desejo no traseiro.
Me contavas do noivo que te aceita,
apesar de com tantos ter deitado,
curioso em saber qual a receita
de chupá-lo e bebê-lo com cuidado.
Ele adota teu filho como um pai,
aceitando o passado de uma puta,
cuja noite não sabe onde vai
terminar: se na pele de quem zela
por sua casa e pela sã conduta,
ou de salto, de bruços, bem cadela.

NÁDEGAS E BOCA A POSTOS

Até você ficar satisfeito
não vou aquietar meu sentido,
nem vou recolocar o vestido,
sequer vou preservar meu direito

de cansar de ofertar-lhe prazer,
debruçando-lhe as nádegas nuas,
nos olhos descobertos de luas,
cheias de carne e sujas de ser.

Disponíveis até onde mais
o desejo persegue alvarás
de soltura do sêmen – por trás.

Ou então quando a boca não falha,
e a maior devoção que se espalha
é ordenhar o teu pênis sem malha.

VERTIGEM ABISSAL

Mete, mas mete forte, meu amor,
a parte mais ardente de teu corpo
no meu, que se amorena do calor
que mesmo em parte é sempre teso, torto.

Mete, como se fosse mais que tudo
me tomares por trás de um jeito agudo,
lambuzando o teu dedo mais carnudo
e, em todos os meus lábios, quase mudo.

Mete, mas mete firme, franco, farto,
como um mergulhador, certeiro e ágil,
mergulha de cabeça em seu naufrágio.

Mete, mas mete duro, violento,
teu pedaço mais brando, enquanto invento
que serias o amor inteiro, dentro.

OURIVESARIA

Goza, gostoso, aqui na minha mão.
Nela só cabe ereto, vitorioso,
o teu caralho a postos, belicoso,
como um troféu erguido ao campeão.

Goza sem pressa, goza devagar,
na minha mão, ourives do teu gozo.
Com cinco dedos deixo-te nervoso,
a ponto de gozares sem gozar.

Não é tortura, nem maldade minha
manter-te teso em cárcere privado
por esta mão, estreita bocetinha.

Tampouco falta amor ou falta assunto.
Embora morto, ávido tarado,
é só você gozar, que eu gozo junto.

IN-VENTO

Radiografo o teu vestido
E me atrevo a te antever
Biografo o teu tecido
Caligrafo, em ti, querer

Te acompanho na calçada
E removo a nuvem preta
Diminuo tua passada
Roço as mãos na silhueta

Sacrifico o penteado
Soa a lira dos sentidos
Colo o corpo ao estampado
Assobio meus gemidos

Redesenho, sem que vires
A calcinha em minha íris

TODA ANJO TERRENO

Após rascunhar,
no lápis dos dedos,
nova trilha aos passos
do prazer, em ti,
fiquei ao teu lado,
velando o período
em que te tornaste,
na sala dos sonhos,
pós-texto do êxtase.

Zelo de joelhos
pela tua entrega.
Meu colo é coberta
viva para a morte
da tua nudez.

NORTE À DERIVA

Submerjo na montanha do teu corpo,
como quem já se afoga nas alturas.
A sensação de estar chegando a um porto,
mesmo estando à deriva ou às escuras.

Sem farol, sem rochedo, sem distância,
o desejo é que vai me norteando.
Na escuridão do mar de tuas ancas
cego, surdo, calado, nado e ando.

Meu leme é uma âncora à procura
de traçar território em tua pele.
Meu convés, uma proa em carne dura.
Toda onda me lembra a tua terra.

E, em braçadas que vencem cada milha,
ancoro meu futuro em tua ilha.

CORTESIA MILENAR

Céu, mar se apequenam perante a gueixa do amor que
[nunca morre:
fascinam-me – negras, fartas, lisas, cadentes – suas madeixas.
Não me deixas mal: cantas, danças, deitas, à mercê do desejo
de manter-me a postos a qualquer gesto que inaugure o prazer.

Tua companhia plácida, única, de coadjuvante
e protagonista, a um só tempo, faz do instante obra-prima
da real película, de impossível exibição em cópia.
Portanto, à prova de repetir-se, à prova de pastiche.

Mulher e menina de barro são, esculpem a dois a estátua
[em gerúndio
de um deus em três dê: comprimento, altura e espessura erigem
inexpugnável intumescência, insubordinável ente.

Passeias sem vestes com elegância de quem desfila inteira,
mantendo o relógio, ausente do tempo, em pleno tropel
[nos campos:
amizade ao léu, em pelo, doando em verso a mão – sorriso
[em dossel, maçãs.

A HORA AO REVÉS

Inato, inextirpável.
Como íntimo castigo.
Convivo, inevitável,
obrigado, contigo.

Remarcação diária
em calendário antigo.
Insuportável ária,
sequer me ouvir consigo.

Ausência permanente.
Sinal de alerta, sigo.
Súbito ou lentamente,
a data que maldigo.

Na cama em que me abrigo,
pressinto meu jazigo.

O HOMEM SEM RELÓGIO

A Mário Faustino

I

Em seu pulso cabem
apenas ponteiros
que tomam sentidos
opostos, ainda
que na direção
precisa do encontro
marcado com a inércia.

Haverá maior
bem que aposentar-se
de ter compromissos,
disfarçadamente
eternos e graves,
para preencher
as horas inócuas?

2

Como estar deitado
por sobre mil praias –
ficção naturista –
e crer nos eventos
como independentes,
não importando o autor
do sol na ampulheta?

E não mais jazer
na repartição
assinando o ponto
de entrada e saída:
caneta-cronômetro,
paletó-presença,
defunto-de-praxe?

3

De seu pulso caem
as rédeas inúteis
ao trote do amor:
arremesso livre,
cesta de três pontos,
improviso em pauta,
gol contra a favor.

É uma expectativa,
talvez imprudência,
alerta somente
ao infinito eterno
em nome do ardor
colhido nas mãos
que se entretecem.

4

E não sabem como,
quando e por que
esculpem a vida
frente ao interfone
em pausa de chuva
a qualquer estio
sujeito a solar.

Tumulto, escândalo –
uma estátua nua –
em que hora e minuto,
interpenetrando-se,
não se movem, salvo
a fim de mover,
do tempo, o homem.

ESTE AQUELE

A W. B. Lemos

- SOU EU.
- EU QUEM?
- SOU EU VOCÊ TAMBÉM.
- QUEM SOU EU?
- VOCÊ EU SOU. AMÉM.
- QUANDO, COMO E POR QUE
VOCÊ SOU EU SOU VOCÊ?
- QUANDO? SEMPRE ATÉ ALÉM.
COMO? VOCÊ RESPONDEU:
EU SOU VOCÊ SOU EU.
POR QUÊ? PROFISSÃO DE FÉ,
EU SOU AQUELE QUE É.
E, SE O MISTÉRIO À CIÊNCIA RESISTE,
EU DOU EXISTÊNCIA AO QUE NÃO EXISTE.

CARLOS HENRIQUE COSTA

A ENXADRISTA NO CONTROLE

1

A ENXADRISTA...

Antevê todos os passos.
Impossível derrotá-la?
Por surpresa? W.O.?
Armadilha maquiavélica?
Que farei? Enxadrista mestra.
Queira a sorte se distraia
e lhe traia o tabuleiro.
Mesmo em blefe, desafio.
Cada lance, um dos meus.
Um descuido, salvo a pele.
Tanto menos, de um comparsa.
Detentora de estratégias,
tenho a minha: elogio –
a vaidade lhe seduz.

2

...NO CONTROLE

Faço parte dos seus planos.
De quando: há pouco, muito?
Sorrateira. Manifesta.
De repente. Devagar.
Relativa. Absoluta.
De certeza, jamais falha.
Depois disso, não se sabe.
Misticismo ou ciência,
meditando, inquirindo,
não lucidam seu enigma.
Portanto, preparação
à entrega é a melhor espera.
Precoce, normal, tardia,
Ela é que está no controle.

QUARTO DE HOTEL

A Mario Quintana

I

Chove forte nas ruas.
Faróis enceram a umidade no asfalto.
O ruído molhado é não ter ideia
do que pode haver após a esquina.
Como um chiado pedindo silêncio,
a noite desliza em paralelas
que talvez tangenciem num esbarrão.
Pretexto ao diálogo dos olhos, não mais.
Hora de pedir a conta,
pegar o táxi e voltar para o hotel.
Estando eu presente ou não,
ninguém põe os pés em meu quarto.
Salvo a camareira, que chega cedo
e com quem partilho o café, dispensando guarda-chuva.

2

Que seja neste pequeno e modesto cômodo onde me
hospedo.
Em meio a lençóis mofados e rascunhos impublicáveis.
Sob o testemunho do silêncio alugado – confidente fiador.
E o embaraço de jamais haver agenda para o imprevisto.
À pia, lavando o rosto ante o estilhaço embutido.
A torneira quente não abrindo mais.
Emperrada pelo desuso, a única janela.
Desconcertos amontoados: cabelos, varizes, rugas, dentes.
Gravidade nas vértebras.
Um telefone tocando ininterrupto.
Barba a refazer.
Livros em páginas quaisquer.
E, sem estardalhaço,
a chave por dentro.

CINZAS DA QUARTA

A Alexei Bueno

Nas dobras do carpete verde-azul do mar,
eu poderia ter singrado como um barco.
Mas o Verbo fez-se água em Arraial do Cabo
me devolveu à Praia Grande são e salvo.

Por um momento vi a terra se afastar,
como quem, de repente, perdeu o chão, o marco.
Vi Camões agarrar-se à obra como tábua.
Vi Jesus caminhando firme sobre as vagas.

Vi a felicidade escapulir num átimo.
Vi a eternidade dobrar-se num arco
e, qual flecha, atirar-me na areia feito alvo.

Quase vi minhas cinzas nas cinzas da quarta.
Mas juntei-me ao cardume de Pedro na Páscoa.
E, depois de três dias, Contigo renasço.

Este livro foi impresso em agosto de 2021
na gráfica Nossa Impressão, em São Paulo.